Christa Spilling-Nöker

Heller Stern
in dunkler Nacht

Weihnachtserzählungen

Christa Spilling-Nöker

Heller Stern in dunkler Nacht

Weihnachtserzählungen

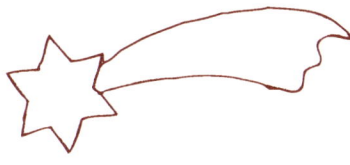

Mit Illustrationen von Andrea Schraml

HERDER

FREIBURG · BASEL · WIEN

© Verlag Herder GmbH, Freiburg im Breisgau 2009
Alle Rechte vorbehalten
www.herder.de
Gesamtgestaltung und Satz: Manuela Wiedensohler
Herstellung: fgb · freiburger graphische betriebe
www.fgb.de
Gedruckt auf umweltfreundlichem, chlorfrei gebleichtem Papier
Printed in Germany

ISBN 978-3-451-30205-3

Inhalt

Vorwort 7

Aufregung um den Christbaum 8

Weihnachtsglanz 15

Ein Weihnachtswunder 16

Zum Engel werden 25

Himbeertorte mit Marzipan 26

Als hättest du Flügel bekommen 35

Ich habe einen Stern gesehen 36

Zur Wandlung befreit 44

Das Versprechen 45

Versöhnung 50

Weil ich dich liebe 51

Stern in dunkler Nacht 63

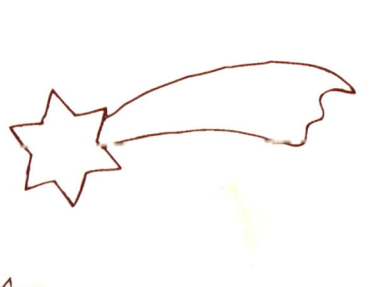

Vorwort

Wie schön wäre es doch, wenn ein Wunder geschehen würde! Dieser Gedanke beschleicht einen dann
und wann, wenn man davon träumt, dass etwas
Außerordentliches geschehen möge, das einen aus
der Gleichförmigkeit des Alltags heraushebt und
einem seinen sehnlichsten Wunsch erfüllt. Man
hofft, dass einem gleichsam in dunkler Nacht ein
heller Stern vom Himmel ins Herz fällt, so dass das
Leben neu erhellt wird und sich auf wunderbare
Weise erfüllt.

Wunder kann man nicht machen – denn dann
wären sie keine mehr. Dann und wann aber geschehen sie. Menschen, die einander einmal sehr nahe
gestanden und sich über Jahre nicht gesehen haben,
treffen sich unerwartet wieder. Freundschaften ent-
stehen, mit denen man nicht gerechnet hat.
Entscheidungen, denen man lange ausgewichen ist,
fallen plötzlich ganz leicht. Das Wunder der
Weihnacht findet einen auf vielfältige Weise: In
Liebe, die man erfährt, in der Heilung seelischer
Verletzungen, in versöhnlichen Worten oder in
Zeichen und Gesten der Vergebung.

Möge dieses Buch dazu bewegen, von einem
Wunder zu träumen – und es auch dann als solches
anzunehmen, wenn es auf andere Weise in das
Leben tritt als man es sich erhofft hat. Wer sich auf
das Wunder der Weihnacht einlässt, darf sich auf
unvorstellbare Überraschungen gefasst machen.

Aufregung um den Christbaum

„Brigitte, Elisabeth, Franz, kommt, ihr könnt schon einmal den Tisch decken!", rief die Mutter aus der Küche, in der sie mit allerlei Geschirr klapperte. Ein wohliger Duft nach gebratenem Geflügel mischte sich mit dem würzigen Geruch von in Butter gedünsteten Zwiebeln, von Rosmarin und Thymian. „Nun macht schon, das Essen ist bald fertig!" Mit missmutigen Gesichtern tauchten die beiden ältesten Geschwister auf.

„Und wo ist Brigitte?", wollte die Mutter wissen. „Wo soll sie schon sein", maulte Franz, „sie drückt sich am Schlafzimmerfenster die Nase platt, heult und starrt auf die Schneeflocken draußen, in der Hoffnung, dass noch ein Wunder geschieht. Du hast ihr doch immer das Märchen erzählt, dass der Weihnachtsmann nur zu den Familien kommt, hinter deren Fenstern er einen erleuchteten Christbaum sieht. Ohne Christbaum kein Weihnachtsmann, und ohne Weihnachtsmann keine Geschenke, soweit kann sie sogar mit ihren fünf Jahren schon logisch denken."

„Ich habe versucht, ihr zu erklären, dass der Weihnachtsmann nur eine Erfindung der Erwachsenen ist", warf die siebenjährige Elisabeth ein, „aber das ist ihr einfach nicht beizubringen. Richtig ange-faucht hat sie mich. Mir ist das natürlich egal mit dem Weihnachtsbaum, ich bin ja schon groß", sagte sie tapfer, denn immerhin ging sie schon in die erste Klasse, konnte aber nicht verhindern, dass ihre Stimme dabei zitterte.

„Wir stellen ein paar Kerzen auf, dann wird es auch gemütlich", versuchte die Mutter ihre ent-täuschte Kinderschar zu trösten. Im Stillen war sie selbst bitter enttäuscht. Der Nachbar Anton hatte fest versprochen, wie in jedem Jahr einen Baum aus dem eigenen kleinen Forst vorbeizubringen, und bisher war auf ihn immer Verlass gewesen. Die Christbäume waren besonders teuer in diesem Jahr, und seit der Vater vor zwei Jahren gestorben war, musste man sparen, wo es nur ging.

Ob sie noch einmal schnell herüberlaufen sollte? Aber Betteln war auch nicht ihre Sache. Zudem war es bereits dunkel, und wenn er keinen Baum mehr hatte, konnte er jetzt auch nicht mehr in den Wald hochfahren und einen für sie schlagen. Sie konnte aber auch die Enttäuschung der Kinder verstehen. Ohne den Glanz eines geschmückten Christbaums war eben doch nicht richtig Weihnachten.

Franz hatte inzwischen damit angefangen den Tisch zu decken. „Ich verstehe dieses ganze Getue um Weihnachten sowieso nicht, das ist doch alles nur eine Show für kleine Kinder." Mit seinen fast dreizehn Jahren tat er, vor allem den jüngeren Geschwistern gegenüber, gern so, als sei er schon erwachsen. Ein sonderlich glückliches Gesicht machte er aber auch nicht bei dieser Bemerkung. Die Mutter war gerade wieder in der Küche verschwunden, als es klingelte. Wie auf Kommando standen mit einem Schlag alle Kinder an der Tür; die kleine Brigitte muss die Treppen vom Schlafzimmer hinunter zum Eingang geflogen sein.

„Du meine Güte, ist das ein Wetter draußen." Beglückender können die Stimmen der himmlischen Heerscharen einst in Bethlehem auch nicht geklungen haben, als die raue Stimme von Nachbar Anton, der den strahlenden Kindern einen riesengroßen Weihnachtsbaum entgegenstreckte. „Tut mir Leid, dass es etwas später geworden ist, aber wir sind im Wald oben im Schnee stecken geblieben. Jetzt macht aber schnell einen schönen Christbaum daraus, damit der Weihnachtsmann euch nicht vergisst", lachte er. „Gruß an eure Mutter." Und schon war er wieder verschwunden.

„Ein Baum, ein Baum, hurra, wir haben einen Weihnachtsbaum", jubelten die Kinder und schleiften glücklich die lange Fichte hinter sich her ins Wohnzimmer. Ihrem Übermut wäre dabei fast die wertvolle chinesische Vase zum Opfer gefallen, ein Erbstück von der Großmutter, der einzig wertvolle Gegenstand im Haus.

„Pass doch auf", rief Elisabeth, aber ihr Bruder hörte die mahnenden Worte schon nicht mehr. In Windeseile war er die Kellertreppe hinabgestürzt, um die Säge zu holen. Der Baum war eindeutig zu lang, so konnte man ihn nicht in den Ständer bringen. Er taxierte die Höhe des Wohnzimmers, dann die Länge des Baums, und schon bewegte sich das Sägeblatt im Stamm. Es galt jetzt, keine Zeit mehr zu verlieren, wenn der Baum bis zum Essen mit Kugeln und Kerzen geschmückt sein sollte.

Krachend brach der untere Teil des Baums zu Boden. Doch was die Kinder dann erblickten, ließ ihnen erneut die Tränen in die Augen steigen. „Tannenbaum light", sagte Franz trocken. Von Baum konnte man angesichts dieses Überbleibsels überhaupt nicht mehr reden, das war ein Strunk mit ein paar Ästen dran. „Das lässt sich auch mit Kugeln und Lametta nicht mehr ausgleichen." Jetzt war selbst Elisabeth den Tränen nahe.

„Lass mich mal machen." Franz fühlte in sich die Verantwortung wachsen, seinen kleinen Schwestern einen prachtvollen Weihnachtsbaum zu bescheren. „Hol mir mal schnell Vaters Bohrmaschine aus dem Keller, und dann nimm die Kleine und beschäftige sie mit irgendwas." Je älter er wurde, umso mehr neigte er auch dazu, seine jüngeren Schwestern herumzukommandieren.

Jetzt aber war Elisabeth nicht nach Protest und Streit zumute. Schließlich stand hier das Weihnachtsfest auf dem Spiel, auf das man sich schon so lange gefreut hatte. „Was hast du vor?", fragte sie neugierig. „Ich schneide von dem unteren Ende, das ich abgesägt habe, ein paar Zweige ab, bohre oben dann ein paar Löcher und stecke die Zweige dort hinein." „Kannst du denn mit Vaters Bohrmaschine umgehen?", fragte Elisabeth zweifelnd.

„Na klar, Männer können so etwas", erwiderte

Franz selbstsicher. Wem hätte es in dieser Situation etwas genützt, wenn er zugegeben hätte, dass er die Bohrmaschine noch nie in Händen gehabt hatte. „Schnell, dreh' die Weihnachtsmusik laut, damit Mutter nichts hört", befahl er der Siebenjährigen noch einmal, die auch dieses Mal aufgeregt tat, was er sagte, ohne zu widersprechen.

„Kinder, müsst ihr das Radio denn so laut stellen?", rief die Mutter. Elisabeth sauste in die Küche und versuchte, sie abzulenken. „Ach, Mama, wir freuen uns doch so, dass wir jetzt einen so schönen Baum haben, lass doch, kann ich dir noch was helfen?" Solch freiwilliges Hilfsangebot kam selten vor, aber die Mutter argwöhnte nichts.

„Ist es denn ein schöner Baum?", fragte sie. „Der schönste, den wir je hatten", log Elisabeth in blindem Vertrauen auf die technischen Begabungen ihres Bruders. „Dann ist es ja gut, hier, du kannst die Soße noch ein wenig rühren."

In der Zwischenzeit hatte Franz es tatsächlich fertig gebracht, die Bohrmaschine in Gang zu setzen. Ausgerechnet bei den Klängen von *Stille Nacht* brummte die Maschine los. Aber in der Küche hatte man offenbar nichts gehört. Nun schnell noch etwas weiter oben ein zweites Loch. Immerhin war der heilige Josef selbst Zimmermann von Beruf gewesen und hatte demnach sein Leben lang mit Holz hantiert, da konnte man am Heiligen Abend auch einen Christbaum neu zusammenbasteln, beruhigte Franz sein schlechtes Gewissen und summte leise *Josef, lieber*

Josef mein vor sich hin. Der Mutter hätte es nicht gefallen, wenn sie gesehen hätte, dass er mit der großen Bohrmaschine des Vaters hantierte. „Zwei Löcher noch, dann schnell die Zweige hinein." Auch das gelang. Jetzt noch die Kugeln, die Kerzen.

Brigitte war wieder aufgetaucht, mit einem seligen Blick in den noch verweinten Augen. Sie war schon eifrig dabei, die im Kindergarten gebastelten Papierketten an den unteren Ästen anzubringen. Da sie in ihrem Eifer dabei etwas ungestüm vorging, erwies es sich als günstig, dass diese Zweige echt waren. Franz war gerade dabei, die Kerzen anzuzünden, als die Mutter mit dem gefüllten Truthahn in die Stube trat.

Fast wäre sie dabei über das Verlängerungskabel gestolpert, das Franz vergessen hatte wegzuräumen. Mit dem Blick auf den erleuchteten Christbaum und in die strahlenden Gesichter der Kinder entgingen ihr allerdings die sichtbaren Spuren des vorangegangenen Abenteuers im Wohnzimmer, die Franz mit dem flüchtigen Hinweis: „Ich bin gleich wieder da" noch schnell hinter der Kellertreppe verschwinden ließ.

Es wurde ein gelungenes Weihnachtsfest. Auch der Weihnachtsmann, hinter dessen Maske sich Onkel Hannes verbarg, erschien nach dem Essen und vollendete das Glück der Kinder, zumal er genau die Dinge in seinem großen Weihnachtsmannsack mitbrachte, die sich die drei am meisten gewünscht hatten. „Siehst du", lachte die kleine Brigitte ihre ältere Schwester aus, „wie dumm du bist. Es gibt doch einen Weihnachtsmann, und er kommt immer dann, wenn die Kerzen am Christbaum brennen!" Für sie war Weihnachten gerettet und die Welt wieder in Ordnung.

Für die beiden älteren Geschwister entstand in den nächsten Tagen aber eine neue Sorge. Wenn die Zweige in den gebohrten Löchern nur nicht trocken würden. Immerhin musste der Baum bis Mariä Lichtmess stehen bleiben, das war der zweite Februar. Sonst würde die Mutter vielleicht doch noch etwas von der heimlichen Christbaumrettungsaktion merken. Jeden Tag, wenn sie einkaufen gegangen war, testete eines der beiden älteren Geschwister mit einem Stoßgebet gen Himmel die Nadelfestigkeit der Zweige, goss den Baum und sprengte zusätzlich ein wenig Wasser über die eingesteckten Zweige. Ganz offensichtlich waren alle Heiligen auf Seiten der Kinder, denn der Baum hielt sich tapfer bis zum Ende der Weihnachtszeit.

Als Mariä Lichtmess vorüber war und Kerzenhalter und Kugeln bis zum nächsten Fest wieder in Kartons verpackt auf dem Boden verschwanden, meinte die Mutter: „Jetzt will ich doch schnell zum Nachbarn Anton hinüberlaufen und ihm die Flasche Wein bringen, die wir noch im Keller haben, als Dankeschön für den Tannenbaum. Ihr müsst zugeben Kinder, so einen schönen Christbaum, wie in diesem Jahr, hatten wir noch nie."

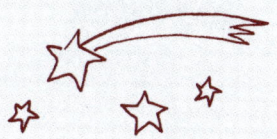

Weihnachtsglanz

Wenn die Weihnachtsbäume
mit ihren Sternen, Kugeln,
Ketten und Kerzen
im Lichterglanz leuchten,
wenn die Räume
vom Duft nach Stollen
und Lebkuchen erfüllt sind
und die altvertrauten Lieder
und Melodien erklingen,
dann wirst du berührt
von dem Geheimnis
dieser besonderen Zeit.

Ein Weihnachtswunder

Sie hatte sich damit abgefunden, in diesem Jahr den Heiligen Abend allein zu verbringen. Rüdiger, ihr ältester Sohn, hatte über die Feiertage einen Ski-urlaub mit seiner Familie geplant. Ihre Tochter Ulrike hatte mehrfach angedeutet, dass zwischen ihrem Mann und ihr in den letzten Monaten Spannungen aufgetreten seien; sie würden sie zwar am Heiligen Abend gern zum Kaffeetrinken holen, wollten aber auch Zeit für sich haben. Irgendwie schien ihr die ganze Herumdruckserei Ulrikes merkwürdig, und so schlug sie auch die Einladung zum Kaffee aus.

Man darf seinen erwachsenen Kindern und ihren Familien nicht zur Last fallen, die wollen und müssen ihr eigenes Leben leben, hatte sie sich tapfer gesagt. Aber es war doch ein merkwürdiges Gefühl, das erste Mal den Heiligen Abend allein zu verbringen. Ihr Mann war vor einigen Jahren gestorben, und seither war sie immer bei einem der Kinder zu Gast gewesen. Sie hatte sich ein paar Tannenzweige vom Markt mitgebracht, die sie liebevoll mit Christbaumschmuck behängte, den die Kinder einst in der Schule gebastelt hatten. Ich werde es mir heute richtig gemütlich machen, sagte sie laut zu sich.

Der Duft von Kaffee und Marzipangebackenem durchzog das behaglich eingerichtete Wohnzimmer. Aber als sie die Kerzen auf dem Tisch anzündete und im Radio Weihnachtslieder ertönten, konnte sie doch nicht verhindern, dass ihr weh ums Herz wurde. Sie hatte sich die alten Fotoalben vom Regal genommen und wollte auf diese Weise mit ihrer Familie zusammen sein.

Manches Bild aus den Kindheitstagen von Rüdiger und Ulrike brachte sie zum Schmunzeln; wie sie da vor dem Weihnachtsbaum standen und ihr Gedicht aufsagten. Und hier: Ulrike mit der neuen Puppe im Arm, die fast größer war, als sie selbst. Aber es war auch viel Schmerz mit der Betrachtung der Bilder verbunden. Wo sind nur all die Jahre geblieben, dachte sie wehmutsvoll.

Das Glockengeläut der benachbarten Kirche übertönte inzwischen die Weihnachtsmusik aus den Lautsprechern. Vielleicht sollte ich doch in die Christvesper gehen, überlegte sie. Ursprünglich hatte sie sich entschieden, den Gottesdienst nicht zu besuchen, aus Angst, dass zu viele Erinnerungen in ihr aufsteigen und ihr das Herz eher schwer als leicht machen könnten.

Aber ohne Kirche an Weihnachten fehlt doch etwas, dachte sie und schlüpfte hastig in ihren warmen Kamelhaarmantel. Im gleichen Augenblick klingelte es an ihrer Tür. Sie hielt inne. Wer kann das sein, überlegte sie, ob doch eines von den Kindern sie überraschen wollte? Unsinn, mahnte sie sich selbst zur Vernunft, da wird sich jemand im

Klingelknopf geirrt haben. Wieder klingelte es, dieses Mal ausdauernder als das erste Mal. Sie blickte durch den Spion. In der Verzerrung, die diesen Gucklöchern eigen ist, erblickte sie direkt vor ihrer Tür einen ausgewachsenen Weihnachtsmann in rotem Mantel, mit Mütze und Bart.

Der will bestimmt nach oben zu den Herrmanns, die Kinder bescheren, ging es ihr durch den Kopf. Aber wieder klingelte er bei ihr. Ein verkleideter Bettler vielleicht, kam es ihr in den Sinn, und sie wurde ärgerlich. Nun hatte sie sich gerade aufgerafft, um in die Kirche zu gehen, und jetzt traute sie sich nicht aus der Tür. Man kann ja nie wissen, dachte sie, man hört so viel von Überfällen. Beim vierten Klingeln endlich öffnete sie die Tür vorsichtig hinter der Sicherheitskette.

„Von draußen vom Walde komm ich her", tönte eine tiefe Stimme von draußen.

Ihr war unbehaglich. „Was wollen Sie?", fragte sie barsch. „Heute ist Weihnachten, hier sind fünf Euro, ich kann Ihnen auch ein Butterbrot anbieten, aber dann gehen Sie", fügte sie schnell hinzu.

„Aber Hilde, du wirst doch den Weihnachtsmann nicht mit fünf Euro und einem Butterbrot abspeisen wollen", tönte die dunkle Stimme von draußen.

Woher kannte der ihren Vornamen, der stand doch nicht draußen am Namensschild. „Wer sind Sie, und was wollen Sie?", sagte sie sichtlich ungehalten. Die Glocken waren inzwischen verstummt, den Gottesdienst konnte sie vergessen.

„Ja, erkennst du mich denn nicht?", fragte die warme Stimme vor der Tür. Sie überlegte krampfhaft, als der Weihnachtsmann sich Bart und Mütze abnahm und den Mantel auszog.

„Frohe Weihnachten, Hilde, ob du jetzt wohl eine gute Tasse Kaffee für mich hast?"

„Reinhart?!", entfuhr es ihr ungläubig. Sie blickte ihn an, als stünde ein leibhaftiges Gespenst vor ihr. „Wo kommst du denn her?"

„Soll ich dir das wirklich hier im Hausflur erzählen?" Oben hatten Nachbarn schon die Tür aufgemacht, weil sie dachten, da unten hätte sich ein Obdachloser ins Haus geschlichen.

„Nein, nein, komm rein." Schnell öffnete sie jetzt die Kette. „Reinhart, bist du es wirklich?" Sie war sprachlos. „Lass dich anschauen, mein Gott, wie lange ist es her, dass wir uns zuletzt gesehen haben?"

Reinhart war ihre große Jugendliebe gewesen, aber die Eltern hatten ihn, den mittellosen Landwirt, nicht für standesgemäß erachtet und alles daran gesetzt, die Beziehung zwischen ihnen beiden auseinander zu bringen. Bei gesellschaftlichen Veranstaltungen hatten sie sie mit dem Sohn eines gut betuchten Geschäftsfreundes ihres Vaters zusammengebracht, den sie schließlich, nicht ganz freiwillig, geheiratet hatte.

Hilmar und sie hatten viele Jahre miteinander eine leidenschaftslose, aber im Großen und Ganzen zufriedene Ehe geführt. Er ging mehr und mehr in seiner Geschäftswelt auf, während für sie die beiden

Kinder zum Lebensinhalt wurden. Irgendwann einmal hatte sie Rüdiger und Ulrike ihre Lebensgeschichte erzählt, als diese selbst erwachsen waren. Beide hatten tief betroffen reagiert, aber auch Verständnis und eine Art Mitleid mit dem fremdbestimmten Leben ihrer Mutter gezeigt.

In wenigen Augenblicken liefen die letzten vierzig Jahre vor ihrem inneren Auge ab wie ein Film. Reinharts warmherzige Stimme riss sie jäh aus ihren Gedanken heraus: „Willst du mich nicht in das Weihnachtszimmer bitten?", schmunzelte er mit dem Blick in die Richtung, in der er, hinter der halb offenen Tür, die Tannenzweige erspähte.

„Entschuldige bitte, komm!" Sie war völlig durcheinander. „Ich mache uns erst einmal einen Kaffee", und schon war sie in der Küche verschwunden.

Reinhart zündete in der Zwischenzeit die Kerzen auf dem Wohnzimmertisch an. „Ich kann dir nicht einmal Kuchen anbieten, außer dem bisschen Gebäck, das auf dem Tisch steht", entschuldigte sie sich aus der Küche.

„Kuchen wäre auch nicht gut für mich", erwiderte er lachend mit der Hand auf seinem vorgewölbten Bauch.

„Und überhaupt, ich habe auch zum Nachtessen nicht viel im Haus, ich hatte keine Lust, mir ein großes Weihnachtsessen zu kochen."

„Jetzt mach dir mal nicht so viele Sorgen ums Essen, erst mal wollen wir den Kaffee genießen. Im Übrigen bin ich als waschechter Weihnachtsmann natürlich nicht mit leeren Händen gekommen. Komm her, Hilde, hier ist genug zu essen." Er kramte einen Topf Gänseschmalz, eine frische Leberwurst, ein Glas Gurken und einen knusprigen frischen Brotlaib hervor, dazu einige Flaschen dunkles Bier.

Sie wurde rot. „Das hast du nicht vergessen in all den Jahren?"

„Wie könnte ich?", erwiderte er ernst. „Ich habe dieses Bild oft vor Augen gehabt, wenn wir uns auf deiner Bude getroffen haben, und ich Schmalz und Leberwurst von Vaters Bauernhof mitgebracht hatte. Wie es dir geschmeckt hat. Einmal hatte ich gespart, um dich an deinem Geburtstag in ein elegantes Restaurant einzuladen, zu Krebsschwänzen und Champagner. Du hast nur gelacht und gesagt: Was soll ich denn in so einem edlen Lokal mit rosa Tischdecken und Kronleuchtern an den Decken? Bring von zu Hause Schmalz, Wurst, Brot und Bier mit, lass uns ins Grüne radeln und dort auf einer frischen Wiese Picknick machen, das wäre das schönste Geschenk für mich."

„Wie alt waren wir da eigentlich?", fragte sie.

„Beide gerade zwanzig", erwiderte er schnell, um nach einer Pause leise hinzuzufügen:

„Heute vor vierzig Jahren wollten wir uns verloben. Ringwechsel unter dem Weihnachtsbaum, davon hattest du immer geträumt."

„Ja, ich erinnere mich", sagte sie leise. Ein Anflug von mädchenhafter Röte stieg ihr ins Gesicht. Eine Weile blieb es still im Raum.

„Wie ist es dir ergangen in all den Jahren?", fragte sie zögernd. Und dann kamen sie ins Erzählen, von früher, aber auch von all den Jahren, in denen sie nichts voneinander gehört hatten.

Er hatte den kleinen Bauernhof des Vaters geerbt und es mit viel Arbeit und Fleiß mittlerweile auch zu einigem Wohlstand gebracht. Kurz nach ihrer Hochzeit mit dem jungen Unternehmer hatte er sich Hals über Kopf in eine Liebesaffäre gestürzt und das Mädchen geheiratet, als es schwanger war. Das Kind starb bei der Geburt, und die Ehe wurde nach wenigen glücklosen Jahren geschieden. Seither war er in seiner Arbeit aufgegangen.

„Ach, jetzt hätte ich es fast vergessen, ich habe natürlich von daheim noch einen Babyputer mitgebracht, den brate ich uns morgen." Mit diesen Worten griff er noch einmal in seinen Weihnachtsmannsack und beförderte dabei auch noch eine Flasche Champagner zu Tage. „Den kannst du bitte kalt stellen. Heute wirst du mir auf die Einladung zu einem Gläschen Schampus doch keinen Korb geben?", lachte er.

„Du bleibst morgen noch hier?", fragte sie unsicher. „Du hast doch sicher ein Gästezimmer?"

„Ja, natürlich, es ist allerdings nicht sonderlich aufgeräumt. Ich konnte ja nicht ahnen, dass du ..." Sie war immer noch verlegen. „Woher wusstest du denn, dass ich heute zu Hause bin?", fragte sie. „Ich bin sonst Weihnachten immer bei einem der Kinder gewesen.

Dann hättest du da gestanden mit deinen Habseligkeiten."

„Da habe ich wohl so etwas wie einen siebten Sinn gehabt", lächelte er. Dass er mit Hilfe einer früheren gemeinsamen Freundin Rüdiger und Ulrike ausfindig gemacht, mit ihnen Kontakt aufgenommen, sie ins Vertrauen gezogen und sich mit ihnen abgesprochen hatte, erfuhr sie nie.

So war und blieb sein unerwartetes Erscheinen eines jener weihnachtlichen Geheimnisse, von denen viele wohl ihr Leben lang träumen.

Noch lange saßen sie an diesem Abend zusammen, redeten und schwiegen miteinander, hörten Weihnachtsmusik, rückten auf dem Sofa ein wenig näher zueinander, um gemeinsam alte Fotoalben durchzublättern, und prosteten sich zu.

Vom Weihnachtsevangelium, das im Radio vorgelesen wurde, blieb bei Hilde nur ein einziger Satz hängen, der sich in ihrem Kopf unermüdlich drehte und wiederholte wie bei einer der alten Schallplatten, die einen Sprung hat: „Heute verkündige ich euch eine große Freude."

Ein wenig müde, zugleich berauscht vom Champagner und dem unerwarteten Weihnachtswunder lehnte Hilde zu später Stunde ihren Kopf an Reinharts Schulter, gerade so wie früher, als sie sich, irgendwo auf einer sonnigen Bank im Wald, ihre gemeinsame Zukunft ausgemalt hatten, Hand in Hand.

Die Kerzen auf dem Tisch waren längst erloschen und verliehen dem Raum, zusammen mit dem Duft von Tannengrün und Marzipan jenen geheimnisvollen Geruch, der einen von Kindheit an ahnen lässt, dass etwas Wunderbares geschieht in diesen dunklen Stunden, das mit dem Verstand nicht zu fassen ist und das doch das ganze Leben ergreift und verwandelt.

Das Gästezimmer jedenfalls blieb ungenutzt in dieser Heiligen Nacht.

Zum Engel werden

Der Himmel bricht auf über dir
und übergroßes Leuchten
umfängt und durchwebt dich
in der Tiefe deiner Seele.
Die Erleuchtung überstrahlt
alle Angst und Traurigkeit.
Deine Müdigkeiten weichen,
Wunden fangen an zu heilen
und bisher Unscheinbares
rückt in ein neues Licht.
Es ist, als ob der Himmel die Erde küsst
und dir ein Engel
mitten ins Herz fällt.
Von innen her beflügelt
wird alles leicht in dir,
– wie schwerelos und ohne Mühe –
wirst du durch deinen Glanz des Glücks
selbst Freudenbote.

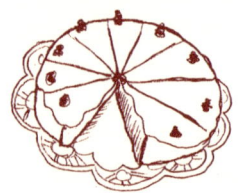

Himbeertorte mit Marzipan

„Guten Morgen, Kinder!" Mit Schwung betrat Frau Hartwig das Klassenzimmer der 4a. „Ruhe, jetzt!", rief sie, „hoffentlich seid ihr bald auf euren Plätzen."

Die Lehrerin nahm ein Stück weiße Kreide und schrieb „Julklapp" an die Tafel. „Wer hat das Wort schon einmal gehört?", fragte sie. Einige Kinder streckten die Finger. „Ja, Mario, was weißt du darüber?"

„Wir haben im letzten Jahr in meiner früheren Klasse vor Weihnachten eine Julklappfeier gemacht", sagte er. „Jeder aus der Klasse hat seinen Namen auf einen kleinen Zettel geschrieben, dann hat der Klassensprecher alle Zettel eingesammelt. Anschließend durfte jedes Kind einen Zettel ziehen."

„Und dann macht der dem Kind, dessen Namen er gezogen hat, ein kleines Geschenk", rief Steffi ungefragt dazwischen.

„Cool", rief Simon, was, wie so häufig, der einzige Beitrag war, den er zum Unterricht lieferte.

In der letzten Reihe streckte Lene noch den Finger. „Julklapp" und „Julfest" bezeichneten bei den alten Germanen das heidnische Fest zur Sonnenwende im Winter und gingen später, als die Menschen Christen geworden waren, auf das Weihnachtsfest über."

„Gut Lene, woher weißt du das denn?"

„Das habe ich gelesen", erwiderte das stille Mädchen. Lene kam aus sehr bescheidenen Verhältnissen. Sie wurde von den anderen Kindern oft wegen ihrer unmodernen Kleidung gehänselt, die zwar stets sauber, aber schon von ihren beiden älteren Schwestern getragen worden war.

Durch besonders gute Leistungen und ein hohes Maß an Hilfsbereitschaft bemühte sie sich, sich trotzdem in der Klasse zu behaupten, wurde dann aber von den anderen Kindern als Streberin bezeichnet und gerade deswegen abgelehnt.

Stichwortweise hielt die Lehrerin die Begriffe und Erklärungen an der Tafel fest. „In den nordischen Sprachen, dem Dänischen, Schwedischen und Norwegischen, bedeutet Jul auch heute: Weihnachten", ergänzte Frau Hartwig.

Diese Ausführungen interessierten die Klasse allerdings herzlich wenig, auch wenn sie sie zähneknirschend von der Tafel in ihr Heft übertragen mussten. „Und warum erzählen Sie uns das alles?", rief der vorlaute Timo dazwischen.

„Wenn ihr mit Abschreiben fertig seid, werde ich euch das erklären", erwiderte Frau Hartwig freundlich, aber bestimmt.

„Wir wollen auch so eine Julklappfeier machen, wie Mario sie im letzten Jahr in seiner früheren Klasse erlebt hat." Sabine und Sandra, die beiden Besten in der Klasse, waren längst mit Abschreiben fertig und ganz aufgeregt. „Das besprechen wir, wenn auch der Letzte fertig ist", erwiderte Frau

Hartwig und sah etwas besorgt auf Bob, der erst seit wenigen Wochen die Klasse besuchte. Seine Mutter war mit ihm aus Afrika gekommen. Er war der deutschen Sprache nur in äußerst geringem Umfang mächtig und wurde von den anderen Kindern aufgrund seiner mangelnden Sprachkenntnisse und seiner Hautfarbe oft gehänselt, auch wenn Frau Hartwig alles tat, die Kinder zu Toleranz zu erziehen.

Schließlich aber hatte auch Bob die Sätze von der Tafel so halbwegs richtig in sein Heft übertragen. „Sabine und Sandra meinten vorhin, wir sollten jetzt, in der Vorweihnachtszeit, auch eine Julklappfeier machen. Genau das wollte ich euch vorschlagen. Wenn ..." Weiter kam Frau Hartwig nicht.

„Cool", „Echt geil", „Hoffentlich ziehe ich dann nicht Moni, die alte Zicke", riefen die Kinder aufgeregt wild durcheinander. „Dem Bimbo da vorne kaufe ich ein Stück Seife, vielleicht wird er dann auch weiß", lachte Guido und kassierte für diese Bemerkung sofort eine saftige Strafarbeit. Zum Glück hatte Bob diese Bemerkung offensichtlich nicht mitbekommen. „Wenn ihr nicht sofort Ruhe gebt, machen wir gar nichts."

Das wirkte. Die Klasse wusste aus Erfahrung, dass ihre Lehrerin solche Sätze nicht nur zum Spaß sagte, sondern auch konsequent einhielt, und wurde ruhig. Frau Hartwig erklärte: „Wir sollten eine preisliche Grenze festsetzen, damit nicht der eine etwas für fünf Euro bekommt und die andere nur ein Päckchen Kaugummi."

Nach einer erneuten hitzigen Diskussion, in der es phasenweise doch wieder drunter und drüber ging, einigte man sich auf fünf Euro. „Es muss ja nichts Gekauftes sein", meinte die Lehrerin. „Vielleicht könnt ihr ja auch selbst etwas basteln."

Dieser Vorschlag stieß allerdings weitgehend auf taube Ohren. „Der Sinn der Sache ist, dass ihr euch wirklich Gedanken macht über das Kind, dem ihr etwas schenken wollt. Ihr sollt nicht einfach nur in den nächsten Laden rennen und irgendetwas kaufen, sondern euch überlegen, was dem Mädchen oder dem Jungen, dessen Namen ihr gezogen habt, auch wirklich Freude macht."

Der Klasse gingen alle diese Erläuterungen viel zu weit. Sie wollten zur Tat schreiten. Endlich gab es dafür grünes Licht. Frau Hartwig teilte kleine Zettel aus. Die mit den Namen der Kinder beschriebenen und zusammengefalteten kleinen Zettel gelangten anschließend in einen Korb, der nun reihum ging.

Wieder entstand Unruhe in der Klasse. „Ausgerechnet den Blödmann!", „Oh toll!", „Was soll ich der denn schenken?" und ähnliche Bemerkungen kommentierten den Vorgang. Dann läutete es, und die Kinder stürmten auf den Schulhof.

Die nächsten zwei Wochen verliefen wie immer: Rechnen und Lesen, Diktate schreiben, dazwischen einige Weihnachtslieder in der Musikstunde.

Endlich war es soweit. Der letzte Schultag hatte begonnen. Nach dem gemeinsamen Weihnachtsgottesdienst in der Aula versammelten sich die Klassen in ihren Klassenzimmern.

Frau Hartwig hatte, zusammen mit einigen Schülerinnen und Schülern dafür gesorgt, dass alles hübsch weihnachtlich geschmückt war. Die Tische und Stühle waren zu einer langen Tafel zusammengestellt, die mit Tannenzweigen und Bastelarbeiten geschmückt waren. Zwischen roten Kerzen standen Teller mit Weihnachtsgebäck. Alle Geschenke, fein säuberlich mit einem Zettel für den entsprechenden Adressaten versehen, waren in einem Sack verschwunden, den Frau Hartwig von zu Hause mitgebracht hatte.

Zunächst wurde gesungen, dann las Frau Hartwig eine Weihnachtsgeschichte vor. Schließlich durfte jedes Kind in den Sack greifen und einem anderen das Geschenk überreichen, dessen Namen auf dem entsprechenden Kärtchen stand. Unter Rufen und Schreien wurde ausgepackt, mit Freude, auch mit Enttäuschung; unter Lachen, Buhrufen und Johlen nahmen die Kinder ihre Geschenke entgegen.

„Und jetzt machen wir eine Runde, in der jede und jeder sein oder ihr Geschenk zeigt", mahnte die Lehrerin zur Ruhe. Maria zeigte einen kleinen Teddy, der zu einem Schlüsselanhänger gehörte, der freche Frank eine Tasse mit dem Aufdruck: „Ich bin der Größte." Die vergessliche Sylvia hatte einen kleinen Mickymauskalender bekommen, und der ewig hungrige Max strahlte über eine riesige Tüte mit Weihnachtsgebäck.

Dann kam Bob an die Reihe. „Ich nix zeigen", sagte der Junge bestimmt. Ach, du liebe Zeit, dachte Frau Hartwig, ob der nichts bekommen hat?

Im gleichen Augenblick nahm sie wahr, dass Lene rot wurde. Sie wusste, dass Lene zu den armen Kindern in der Klasse gehörte. Ob sie kein Geld gehabt hatte, Bob etwas zu kaufen? Andererseits hatte sie die Geschenke durchgezählt. Vierundzwanzig Kinder waren in der Klasse und vierundzwanzig Päckchen hatten in dem Sack gelegen. Oder hatte sie sich verzählt?

„Hast du nichts bekommen, Bob?", fragte die Lehrerin besorgt. „Dann habe ich etwas für dich." Sicherheitshalber hatte sie noch einige Kleinigkeiten eingewickelt und eingesteckt. Nach ihrer bisherigen Erfahrung hatte immer mal ein Kind vergessen, ein Geschenk zu besorgen, hatte nicht die Mittel dazu oder war am letzten Schultag erkrankt.

Aber Bob wehrte ab, als Frau Hartwig ihm ein kleines Päckchen hinhielt. „Geschenk gut", strahlte er, „nix zeigen." Damit war für ihn das Thema erledigt. „Wir wollen das akzeptieren", meinte Frau Hartwig leicht verlegen und fuhr etwas verunsichert fort: „Wer mag uns denn noch zeigen, was er bekommen hat?" Unbekümmert erzählten die anderen Kinder weiter. Was interessierte sie schon der schwarze Fremde.

Zum Schluss wurde noch einmal gesungen, dann war die Feier zu Ende, die Kerzen wurden gelöscht, und es fanden sich sogar noch ein paar Freiwillige, die halfen, das Klassenzimmer aufzuräumen. Auch Bob und Lene waren dabei. Als sie fertig waren, packte Frau Hartwig ihre Sachen zusammen und stellte fest, dass Bob noch in der Tür stand.

„Hast du noch etwas auf dem Herzen?", fragte sie den Jungen. „Lene", sagte er nur und signalisierte damit, dass er auf das stille Mädchen wartete, das vom Fußboden noch ein paar silberne Sterne aufgehoben hatte. „Frohe Weihnachten!", rief die Lehrerin den Kindern zu und ging, nicht ganz unbesorgt, in Richtung Konferenzraum.

„Komm", sagte Bob zu Lene, die schließlich mit rotem Kopf unter den Bänken auftauchte. „Ich hatte kein Geld, dir etwas zu kaufen", sagte Lene voller Scham und in der Hoffnung, dass der fremde Junge sie verstand. „Du gut Geschenk für mich, ich verstehe", sagte er und deutete auf den Brief in seiner Hand. In dem Briefchen, das Lene Bob mit wunderschönen Tannenzweigen bemalt hatte, stand:

Lieber Bob,
ich habe kein Geld, um dir ein Geschenk zu kaufen. Ich wüsste auch gar nicht, worüber du dich freuen würdest. Aber ich schenke dir, dass ich im nächsten Jahr jede Woche einen Nachmittag lang mit dir die deutsche Sprache üben werde, damit dich keiner in der Klasse mehr auslacht.
Lene

„Hast du meinen Brief verstanden?" Das Mädchen sah ihn fragend an. „Du lernst mir deutsche Sprache. Das ist groß Geschenk, besser wie Tasse oder Kekse. Ich dich jetzt einladen zu Schokolade in Café, ich noch haben Rest von Taschengeld."

Lene schüttelte den Kopf. „Ich bin nicht gut genug angezogen für ein Café." Sie schämte sich ihrer unmodernen und etwas abgeschabten Kleidung.

„Nix da, du schön", lächelte Bob wie ein alter Kavalier. „Du groß Geschenk für mich, ich dir auch Geschenk machen", erwiderte er bestimmt und packte das unsichere Mädchen fest an der Hand.

Eine Viertelstunde später betraten sie ein hübsches kleines Café. Lene staunte über die rot gepolsterten Sesselchen und das riesige Tortenbuffet. Ganz erschrocken über die feine Umgebung und voller schlechtem Gewissen Bob gegenüber begann sie sofort mit ihrem Sprachunterricht. „Himbeertorte", sagte sie und wies auf einen köstlich aussehenden Kuchen mit saftigen roten Früchten und einem gespritzten Makronengitter. „Im-beer-dor-de", wiederholte Bob und lachte.

Dann setzten sich die beiden und Bob bestellte: „Bitte zwei Schokolade, trinken." Die Kellnerin kam und stellte zwei köstlich duftende große Tassen mit heißer Schokolade und einem Tupfer Schlagsahne vor ihnen auf den Tisch. Eben wollte Lene dieses Wunder kosten und genießen, als die Kellnerin noch einmal auftauchte, dieses Mal mit zwei Tellern mit je einem Stück Himbeertorte in der Hand.

„Nix Kuchen, nix Geld", sagte Bob, ebenso erschrocken wie Lene, und kramte seine gesamte Barschaft in Form von vier Euro und dreißig Cent hervor. „Aber ihr habt doch gesagt: *Himbeertorte*", entrüstete sich die Kellnerin unwirsch.

„Ich versuche, ihm die deutsche Sprache beizubringen", erwiderte Lene, „und das erste Wort war Himbeertorte, weil die so besonders gut aussieht", ergänzte sie scheu mit einem sehnsüchtigen Blick auf den herrlich duftenden Kuchen. „Entschuldigen Sie bitte das Missverständnis, Sie können die Torte bestimmt noch anderen Gästen verkaufen."

„Ja, dann", die Kellnerin drehte sich ärgerlich mit dem Kuchen in der Hand um. Plötzlich aber kam sie zurück. Ihr Gesichtsausdruck war völlig verändert. „Weil übermorgen Weihnachten ist", sagte sie freundlich zu den verdutzten Kindern, „den spendiere ich euch."

Lene hatte das Gefühl, im Paradies zu sein. Noch nie hatte sie in einem Café gesessen und heiße Schokolade getrunken. Zudem durfte sie jetzt auch noch diese köstliche Torte verspeisen. Und sie hatte in der Klasse einen Freund gefunden, einen, der sie und ihre Fähigkeiten brauchte und dessen Gesellschaft im nächsten Jahr ihre freudlosen Nachmittage durchbrechen würde, an denen sie meistens alleine zu Hause war, auf die kleinen Geschwister aufpassen musste oder las.

Bob sah das Leuchten in den Augen seiner neuen kleinen Freundin und packte ihre Hand. „Du gut Mensch", sagte er und strahlte sie an. Und so feierten die beiden Kinder Hand in Hand Weihnachten auf ihre Art, am 22. Dezember, mittags um zwölf Uhr, bei heißer Schokolade und Himbeertorte mit Marzipan.

Als hättest du Flügel bekommen

Hast du schon einmal
in der Begegnung mit einem Menschen erlebt,
dass verloren geglaubte Hoffnungen
wieder in dir aufbrachen
und sich dir innen und außen
neue Welten erschlossen haben?

Hast du schon einmal erfahren,
dass das Wort eines Menschen dich aufgerichtet
und seine Zärtlichkeit
dich zu neuem Leben erweckt hat?

Hat dich schon einmal das liebende Lächeln
eines Menschen berührt,
das dir in der Tiefe eines Augen-Blicks sagt:
Du bist unendlich wertvoll,
dein Leben hat einen Sinn?

Hast du schon einmal
in der Nähe eines Menschen gespürt,
dass alle Angst und Last von dir wich,
und du beschwingt deinen Weg gehen konntest,
als hättest du Flügel bekommen?
Wenn du solches erlebt hast,
ist dir ein Engel begegnet.

Ich habe einen Stern gesehen

Es war ein Heiliger Abend, wie er im Buche steht. Der Schnee rieselte leise vom Himmel und verwandelte die Welt in ein weihnachtliches Märchenparadies. Von Ferne läuteten die Glocken zum ersten Gottesdienst.

Angesichts dieses stimmungsvollen Wintertages hatten Anne und Joachim am Nachmittag beschlossen, noch einen schönen Spaziergang zu machen. Der Weihnachtsbaum war geschmückt, das Essen für den Abend vorbereitet. So blieb Ruhe und Zeit, durch den Schnee zu stapfen. Und das war gut so. Beim Gehen redet es sich besser, dachte Anne.

Die letzten Wochen waren so voller Hektik gewesen, dass sie kaum noch Zeit füreinander gehabt hatten. Beide waren abends müde und häufig auch gereizt gewesen, aber um die Spannungen anzusprechen, hatte ihnen die Ruhe gefehlt.

„Joachim", sie hakte ihn unterwegs liebevoll unter, „ich muss mit dir reden!"

„Was gibt es denn?" Er tat erstaunt.

„Vielleicht liegt es ja an dem Stress der Vorweihnachtszeit, ich weiß ja auch, dass du beruflich stark unter Druck stehst", entschuldigte sie sich schon fast, „aber ich frage mich manchmal, ob du überhaupt nicht merkst, dass du ständig an mir herummeckerst?"

„Was tue ich? Ich nörgele nicht an dir herum, ich mache dich manchmal auf Dinge aufmerksam, die du nicht zu verstehen scheinst."

„Du tust gerade so, als ob ich blöd wäre!"

Joachim sah sie mitleidig an. Anne kämpfte mit den Tränen. So hatte sie sich ein offenes Gespräch mit Joachim nicht vorgestellt. Sie wollten im nächsten Sommer heiraten, auch darum hatte sie sich von dem gemeinsamen Weihnachtsurlaub Gelegenheit erhofft, mit ihm einige Probleme, die die beiden Familien betrafen, klären zu können. Aber dazu kam es nicht.

Je mehr sie sich von Joachim angegriffen fühlte, umso heftiger wehrte sie sich. Alle möglichen Kränkungen aus der Vergangenheit wurden wieder neu aufgewärmt. Anne war in ihren Vorwürfen Joachim gegenüber auch nicht gerade zimperlich. Beide wurden in der Stille der Landschaft immer lauter. Noch nie hatten sie einen dermaßen heftigen Streit gehabt. Keiner von beiden beachtete die Richtung, in der sie liefen.

„Wo sind wir eigentlich?" Abrupt blieb Anne stehen. Mit einem Mal bemerkte sie, dass die Dämmerung hereingebrochen war. „Ich glaube, wir müssen nach rechts", meinte sie an der nächsten Wegkreuzung.

„Wir müssen nach links abbiegen", behauptete Joachim mit fester Stimme, „da kommen wir auf die Hauptstraße." Das wäre ja noch schöner, wenn er

die Richtung nicht wüsste. „Du konntest dich doch noch nie orientieren", lachte er. Blind vor Tränen trottete sie hinter ihm her.

Aber anstatt auf die Hauptstraße zu gelangen, waren sie nach einer halben Stunde im wahrsten Sinne des Wortes auf einem Holzweg gelandet. Da standen sie, frierend, mitten im Wald. Es war inzwischen dunkel geworden. Von dem Schnee, der jetzt immer heftiger fiel, ging die einzige Helligkeit aus.

„Was machen wir jetzt?", fragte Anne und lehnte sich an Joachim an. Im Augenblick war die Angst größer als die Wut. „Das kommt alles nur durch dein Gequatsche", beschuldigte er sie und stieß sie von sich. Wie stand er jetzt da, als Mann, der nicht mehr wusste, wo es langging. Er konnte sich nicht erinnern, dass jemals einer aus der Familie von Meißen sich verlaufen hatte. Es war einfach lächerlich.

„Dann finde du doch eine Lösung, du tust doch immer so schlau", höhnte er.

Anne sah auf den Boden. Sie zitterte. Sie fror. Sie hatte Hunger. Sie hatten nicht einmal ein paar Bonbons bei sich. Sie hatten ja vor dem Essen nur einen kleinen Spaziergang machen wollen.

Plötzlich faltete sie die Hände, sah zum Himmel empor, der ihr diesen Blick mit einer Schneeflocke auf ihre Nasenspitze dankte, und wurde ganz ruhig. „Fängst du jetzt an zu beten?", schmunzelte er.

Er verließ sich lieber auf Tatsachen als auf den lieben Gott. „Da oben leuchtet ein Stern", sagte sie leise, „vielleicht ist es der Weihnachtsstern, der uns wieder nach Hause führt", fügte sie hinzu, und der uns einander wieder näherbringt so wie früher, dachte sie im Stillen.

„Da oben, an einem Himmel, der von einer dichten Wolkendecke überzogen ist, aus der es unentwegt schneit, sieht meine Freundin einen Stern. Ich sehe ja auch manchmal Sterne, aber frühestens nach sieben Glühwein", lästerte er.

„Ich gehe dem Stern nach", sagte Anne, „du kannst ja bleiben wo du bist", fügte sie trotzig hinzu. Unbeirrt ging Anne geradeaus und bog dann auf einen Weg ab, der bergauf führte. „Auch noch eine Bergtour in der Nacht." Joachim maulte, mochte Anne aber im Wald auch nicht alleine laufen lassen. Zumal wusste er ja selbst auch nicht den Weg zurück zu ihrer Ferienwohnung.

„Wir brauchen doch nur dem Stern zu folgen", meinte Anne. „Es ist wie bei den Heiligen Drei Königen. Die hatten auch einen Stern gesehen, und dann haben sie ein paar Sachen zusammengerafft und sich auf die Socken nach Bethlehem gemacht. Ohne Gewissheit, was unterwegs passieren konnte. Ohne sich vorher abzusichern und zu versichern.

Sie hörten, dass in Bethlehem ein neuer König geboren war. Eine neue Hoffnung ist für sie aufgebrochen. Und der Stern wies ihnen den Weg. So wie uns jetzt."

„Du spinnst doch mit deinem religiösen Getue!"

Anne schwieg. Sie war jetzt ganz ruhig. Unbeirrt setzte sie ihren Weg fort. Die Füße schmerzten, auch der Hunger quälte sie nach wie vor, und dennoch wurde sie auf eine wundersame Art mit jedem Schritt innerlich leichter und heiterer. Hinter sich hörte sie Joachims keuchenden Atem. Auch er schwieg jetzt. Sie hatten sich müde gestritten. Plötzlich blieb Anne stehen, schien ihren Augen fast selbst nicht zu trauen. Sie stand direkt vor einem Wirtshausschild. Durch die Fenster drang ein matter Lichtschein. „Wir haben es geschafft", jubelte sie.

„Das Wirtshausschild wird vorhin beleuchtet gewesen sein, das war dein Stern, ha, ha, eine Kneipe als Weihnachtsstern!"

Kaum war die Angst gewichen, machte er sich schon wieder über sie lustig. „Aber du hast doch vorhin gar nichts gesehen", gab sie wütend zurück. Sie klopften. Eine Frau öffnete die Tür. „Wir haben heute geschlossen", sagte sie und sah das Paar fragend an.

„Wir haben uns verlaufen, bitte lassen sie uns herein, damit wir uns ein wenig aufwärmen können."

„Wir wollten gerade essen, kommen Sie, was für vier reicht, reicht auch für sechs, sagte die Frau freundlich. „Jetzt setzen Sie sich erst einmal an den warmen Kachelofen, ich bringe Ihnen einen heißen Tee und suche Ihnen etwas zum Anziehen heraus, Sie sind ja ganz durchgeweicht."

„Aber nun sagen Sie, wie haben Sie uns denn gefunden in der Nacht?", fragte der Mann, als sie beim Essen waren. „Wir hatten doch unser Wirtshausschild heute gar nicht beleuchtet, weil Ruhetag ist." Joachim wurde rot und Anne lächelte. „Ich habe einen Stern gesehen, der mich auf den Weg hierher geführt hat", erwiderte Anne ruhig. Jetzt wird die Wirtsfamilie auch gleich spöttisch lächeln, dachte Joachim. Doch zu seiner Überraschung nickte die Frau.

„Das kenne ich", sagte sie. „Wenn die Dunkelheit unendlich und die Angst am größten ist, dann geht einem plötzlich in der Seele ein Stern auf, der einem die Richtung weist, wo und wie es weitergehen kann, bildlich gesprochen natürlich", mit diesen Worten lächelte sie den entgeistert dreinschauenden Joachim an.

„Da entwickelt man ein Gespür für den richtigen Weg. Mitunter in äußeren Lebensfragen, im Wesentlichen aber wohl bei seelischen Problemen. In ganz alltäglichen Lebenssituationen wird einem mit einem Mal klar, was man tun oder auch aufgeben und hinter sich lassen muss, um vor sich neue Lebensmöglichkeiten und Wege überhaupt wahrzunehmen. Das ist doch Weihnachten", sagte sie mit einem Blick auf das Jesuskind in der kunstvoll geschnitzten Krippe, die unter dem Weihnachtsbaum liebevoll aufgebaut war, „dass immer wieder Hoffnung geboren wird, in jedem von uns. Manchmal muss man allerdings etwas dazu tun, muss mutig sein, um aufzubrechen und sich loszulösen aus den bisherigen festen Lebensvorstellungen und Plänen, damit man das Neue auch entdecken und gestalten kann." Anne sah sie mit großen Augen an.

„Sehen Sie", sagte die Frau, „mein Mann und ich sind über Jahre nicht darüber hinweg gekommen, dass unsere kleine Tochter am plötzlichen Kindstod starb. Danach wurde ich nicht mehr schwanger.

Wir hatten uns unbedingt eigene Kinder gewünscht und waren nahe daran, zu verbittern. Als meine Freundin und deren Mann bei einen Unfall ums Leben kamen, war uns sofort klar, dass wir für ihre Zwillinge sorgen würden, mit allen Konsequenzen. Heute lieben wir die beiden, als wären sie unser eigenes Fleisch und Blut."

„Wann ist denn endlich Bescherung?" Die beiden lebhaften Buben zappelten unruhig auf ihren Stühlen herum und schauten mit sehnsuchtsvollen Blicken auf die Pakete, die unter dem Weihnachtsbaum glänzten. „Erst wird gegessen, und schmatzt nicht so", sagte die Frau mit leicht tadelnder Stimme, aber einem liebevollen Glanz in den Augen.

Einen Augenblick war es still in der warmen Stube. Plötzlich sah der Mann auf: „Kenne ich auch, solche Erlebnisse mit dem Stern", sagte er leise. „Drei Jahre lang war ich arbeitslos. Mittlerweile hatte ich alle Hoffnung aufgegeben.

Alles Mögliche hatte ich versucht, um wieder in meiner Branche Fuß zu fassen, aber vergeblich. Mir ging es furchtbar schlecht in dieser Zeit. Ich fühlte mich als Versager. Die Familie musste doch von irgendetwas leben. Als die Gastwirtschaft hier zu verpachten war, war es meine Frau, die die Idee hatte, dass wir uns dadurch eine neue Existenz aufbauen könnten. Ich hatte Angst vor den Schulden, die auf uns zukommen würden.

Aber meine Frau ließ nicht locker. Sie hat zu mir gehalten in den schweren Jahren. Ihre Liebe und der Mut, den sie an meiner Stelle hatte, haben meine Verzweiflung durchbrochen und mir wieder eine neue Perspektive gegeben. Etwas einsam ist es ja manchmal hier oben, wenn man die Stadt gewöhnt war, aber wir kommen gut zurecht und haben unseren Frieden wiedergefunden."

Sternstunden sind Augenblicke, in denen einem klar wird, wie das Leben weitergehen soll, dachte Anne. In dieser Heiligen Nacht auf dem Weg durch die Dunkelheit war ihr so vieles klar geworden. Vor allem, dass sie sich von Joachim trennen musste.

Dass sie ihren Arbeitsplatz aufgeben und doch noch ihr Abitur nachholen wollte. Warum hatte sie sich immer einreden lassen, zu dumm dazu zu sein? Sie würde es schaffen! Sie würde ihr Leben ganz neu anpacken. Schon lange hatte sie sich, trotz der Erschöpfung nach dem weiten Weg in dunkler Nacht, nicht mehr so voller Lebensenergie gefühlt wie heute.

„Weihnachten ist dort, wo neue Hoffnung geboren wird und das Leben wieder eine neue Perspektive gewinnt", hatten die Wirtsleute gesagt. Dann ist heute wirklich Weihnachten in mir, dachte sie und schnitt sich hungrig noch ein großes Stück von dem knusprigen Braten auf dem Tisch ab.

Zur Wandlung befreit

Nicht mehr
einem inneren Zwang
gehorchend
davonlaufen müssen
sondern sich stellen können –
keine Fluchtwege mehr
dafür Heimat finden –
an Stelle des ewigen
sich Herausredenmüssens
wahrhaftig sein dürfen –
der ständigen Selbsttäuschung
die Maske entreißen –
sich selbst entdecken
im Licht des Engels,
der zur Wandlung
befreit.

Das Versprechen

Dunkle Wolken fegten über den Himmel. Es war windig und stürmisch geworden, und er bereute, nicht den Wagen genommen zu haben. Aber er hatte gedacht, die zwei Stunden Fußweg an der frischen Luft würden auch seine Gedanken klären. Es war immerhin an die zwanzig Jahre her, seitdem er seine Schwester das letzte Mal gesehen hatte.

Deshalb war er mehr als überrascht gewesen, als er eines Morgens einen Brief von ihr mit der Einladung zum Weihnachtsfest im Postkasten vorgefunden hatte. Er hatte keine Ahnung, wie sie die Adresse seiner bescheidenen kleinen Wohnung hatte herausfinden können, denn er besaß weder einen Telefon- noch einen Internetanschluss.

„Verdammt noch mal", fluchte er, als er auf dem vom unerbittlichen Regen der letzten Tage durchweichten Waldweg ausrutschte und hinfiel.
„Jetzt habe ich mir auch noch meinen einzigen Anzug schmutzig gemacht." Wenigstens war das Weihnachtsgeschenk, das er in eine Plastiktüte gesteckt hatte, unversehrt geblieben. In der Dunkelheit konnte er kaum den Weg ausmachen, zudem fing es wieder an zu regnen. Ob er lieber gleich wieder umkehren sollte?

Ein Handy, mit dem er hätte Bescheid geben können, besaß er nicht. Es war schon spät, als er – ihre Adresse in der Hand – vor dem schmucken Häuschen stand.

„Donnerwetter", entfuhr es ihm. „Offensichtlich hat sie es zu etwas gebracht." Er zögerte. Sollte er wirklich klingeln? Aber wo sollte er sonst hin bei dem Wetter? Hinter den Gardinen sah er noch Licht. Also würde er sie wenigstens nicht aus dem Schlaf holen. Er fasste sich ein Herz und schellte. Das Licht im Haus wurde heller, und schneller, als er erwartet hatte, wurde die Tür geöffnet.

„Gott, wie siehst du denn aus?" Das war also ihre Begrüßung nach all den Jahren. Dieser erschrockene Blick. „Ich hole einen Putzlappen, dann kannst du dir erst einmal die Füße abtreten."

Typisch, dachte er, zuerst kommt die Sauberkeit. Er begann innerlich zu frieren. Warum hatte er sich nur auf diese Einladung eingelassen. Was hatte er erwartet? Als er allerdings an seinen Beinen heruntersah und das durch den Schlamm verschmutzte Schuhwerk betrachtete, sah er die Berechtigung ihrer Worte ein.

Er zog die Slipper aus und betrat den Flur auf Strumpfsocken. Sie wischte den Lehm von seinen Schuhen, nahm ihm den Mantel ab und führte ihn ins Bad, damit er sich auch die verschlammten Hände reinigen konnte.

„Sei bitte leise, die Kinder schlafen schon." Er hatte nicht gewusst, dass sie Kinder hatte, woher auch. Was wusste er überhaupt von ihrem Leben.

Sie reichte ihm trockene Socken und warme Pantoffeln. „Komm rein und setz dich erst einmal", sagte sie, und ihr Ton schien ihm jetzt freundlicher zu klingen. Er versank in einem gut gepolsterten, offenbar teuren Sofa.

„Hast du Hunger? Ich mach dir schnell noch eine Portion Gänsebraten warm. Magst du doch?"

Er nickte. Was für eine Frage. Wann hatte er sich das letzte Mal ein gutes Stück Fleisch leisten können. Offenbar wusste sie nicht, dass er seit Langem vom Arbeitslosengeld lebte. Nach der Schließung des Werks, in dem er jahrelang gearbeitet hatte, war es ihm, trotz zahlloser Bewerbungen, nicht gelungen, einen neuen Arbeitsplatz zu finden. Mit dem Austragen von Zeitungen verdiente er sich zu der staatlichen Unterstützung noch etwas dazu. Aber er musste sparen, wo er nur konnte.

Braten, Klöße und Kohl dufteten wundervoll, als sie mit dem gefüllten Teller ins Wohnzimmer kam. Jetzt erst spürte er, wie hungrig er war. Er musste aufpassen, dass er die Köstlichkeiten nicht allzu gierig in sich hineinschlang. Während er aß, begann sie zögernd zu erzählen. Dass sie Germanistik und Anglistik studiert hatte und noch während des Studiums schwanger geworden war. Das Examen hatte sie dennoch bravourös gemeistert; nachdem die Kinder in die Schule gekommen waren, hatte sie auch ihr Referendariat erfolgreich absolviert. Jan, ihren Mann, würde er morgen kennen lernen, er habe als Oberarzt heute Nachtdienst in der Klinik. Dann schwieg sie.

Was für ein perfektes Leben, dachte er. Aber so war sie immer gewesen, der kleine Sonnenschein ihrer Eltern. „Warum hast du mich eingeladen – nach all den Jahren?" Wieder war es still im Raum.

„Ich habe vor einigen Wochen beim Aufräumen einen Brief von dir gefunden, aus der Zeit als unsere Mutter im Krankenhaus gelegen hatte und wir nicht wussten, ob sie wieder gesund werden würde. Ich war damals zehn, du vierzehn Jahre alt. Erinnerst du dich?" Er nickte.

„Da hast du mir geschrieben, dass du, wenn es ganz schlimm käme, immer auf mich aufpassen würdest, weil du ja mein großer Bruder seist. Daran hatte ich immer geglaubt, auch später noch, als wir älter wurden. Und dann bist du eines Tages im Streit mit den Eltern einfach gegangen und hast nie wieder etwas von dir hören lassen. Unsere Eltern haben darunter unendlich gelitten." Sie schwieg. Er sah betreten vor sich hin.

„Wie geht es ihnen?" Seine Stimme war belegt.

„Sie kommen morgen Nachmittag zum Kaffee."

„Dann verschwinde ich vorher."

„Nein, noch einmal machst du dich nicht aus dem Staub." Die Festigkeit ihrer Stimme erlaubte keinen Widerspruch.

Die erneut sich im Raum ausbreitende Stille wurde nach geraumer Zeit durch die Schläge der Standuhr jäh unterbrochen. Er zuckte zusammen, stand auf und holte die Plastiktüte aus der Garderobe. „Ich habe hier etwas für dich." Er holte ein kleines Fotoalbum hervor.

„Komm", bat er sie und schlug das Album auf. „Du hast die alten Bilder?" Er hatte selbst nicht gewusst, warum er damals, als er Hals über Kopf das Haus verließ, den Umschlag mit den Fotos eingesteckt hatte. Seite für Seite sahen sie sich jetzt gemeinsam die Aufnahmen von den Groß- und Urgroßeltern an. Es folgten einige Kinderbilder von ihnen beiden. Auf dem letzten standen sie eng umarmt und die Köpfe aneinander gelegt vor dem Weihnachtsbaum. „Ich habe dir die Fotos abziehen lassen, das Album ist für dich."

„Danke." Sie musste schlucken. Und dann schlossen sie einander innig in die Arme. „Du kannst bleiben", flüsterte sie. „Wir haben im Haus eine schöne Einliegerwohnung", setzte sie in fast entschuldigendem Ton leise hinzu. „Von jetzt an beschütze ich dich, das verspreche ich dir." Sie saßen noch lange zusammen, redeten und erzählten. Es war schon spät, als sie zu Bett gingen. In dieser Nacht schlief er so gut wie schon lange nicht mehr.

Beim gemütlichen, ausgiebigen Frühstück am Weihnachtsmorgen lernte er ihre Familie kennen. Ihr Mann und die Kinder kamen ihm mit solch herzlicher Aufgeschlossenheit entgegen, dass er spürte, hier angenommen zu sein und bleiben zu können.

Auch der Begegnung mit seinen Eltern am Nachmittag sah er jetzt nicht mehr angstvoll entgegen; die unerwartet liebevolle Aufnahme im Haus seiner Schwester stärkte in ihm das Vertrauen darauf, dass auch sie ihm nach all den Jahren würden vergeben können.

Versöhnung

Der Weg zur Versöhnung
ist nicht immer leicht.
Schmerzhafte Erinnerungen
kommen wieder in den Sinn,
und die Schuld vergangener Tage
belastet die Schritte
zur Begegnung.
Doch was zählen die Jahre
des Schweigens
gegen ein offenes Wort
oder eine zärtliche Geste
der Vergebung.

Weil ich dich liebe

„Und, was ist, kommst du heute Abend noch mit in die Disco? Du solltest deine Zeit als Strohwitwe noch ein wenig genießen. Wann kommt Matthias eigentlich zurück?" „Morgen Abend gegen 20 Uhr landet er in Frankfurt."

„Ach, deshalb strahlst du so. Na, dann bist du ja ab morgen wieder in festen Händen. Da solltest du heute noch mal 'ne Sause machen, also, was ist?" „Nichts ist, Lena. Ich habe noch so viel vor heute. Ich habe doch einen Schlüssel zu Matthias' Wohnung. Da will ich noch die Blumen gießen, etwas aufräumen …"

„… eine Flasche Sekt in den Kühlschrank stellen und die Betten anwärmen, ich kenne dich doch, Marie", lachte Lena. „Wann heiratet ihr eigentlich?" „Im nächsten Sommer, kannst dich schon drauf freuen, da machen wir ein riesiges Fest. Polterabend bei Matthias' Eltern auf der Terrasse, Hochzeit in der Martinskapelle oben am Berg, ganz romantisch." „Donnerwetter, alles schon geplant. Und die Braut ganz in weiß?"

„Na klar, ich habe neulich schon mal Brautkleider anprobiert, aber nächsten Sommer ist die Mode vielleicht wieder anders, da warte ich noch.

Wir können ja im Frühjahr mal zusammen Brautkleider probieren!" Marie hatte ganz rote Wangen bekommen vor Aufregung und Vorfreude. „Nein danke, ich will mich nicht so früh binden. Die Beziehung zu Max ist echt super, aber deshalb muss man doch nicht gleich heiraten." „Wenn du einen Mann liebst, willst du auch ganz zu ihm gehören", sagte Marie leise.

„Bist du denn so sicher, dass Matthias der Richtige für dich ist?" „Der oder keiner, Lena. So einen finde ich nicht wieder. Da stimmt einfach alles, er sieht toll aus, er ist charmant und zärtlich, wir haben die gleichen Interessen – und er trägt mich auf Händen. Ich liebe ihn eben und ich möchte bald ein Kind mit ihm haben." „Du wirst im nächsten Sommer erst zwanzig und willst schon ein Kind? Tobe dich doch erst einmal selbst aus."

„Ich tobe mich mit Matthias aus, und das heftig", lachte Marie. „So, Schluss jetzt, sonst machen die Geschäfte zu, und ich habe noch nicht alles besorgt, was ich brauche. Ich werde morgen zur Feier des Tages nämlich ein Festmenü vorbereiten, mehr verrate ich jetzt aber nicht."

„Wieso ist Matthias eigentlich ohne dich in Urlaub geflogen?", fragte Lena zögernd. „Weil ich bei uns in der Praxis jetzt keinen Urlaub gekriegt habe. Und für ihn war das ein einmaliges Angebot, ein Last-Minute-Ticket. Südamerika war schon immer sein Traum. Warum soll ich ihm das nicht gönnen, man muss doch nicht immer so eng zusammen sein. Auch wenn ich ihn wahnsinnig vermisst habe.

Aber ich möchte nicht, dass unsere Ehe ein Gefängnis wird, so wie bei meinen Eltern, wo einer kaum einen Schritt ohne den anderen tun darf. Wenn man sich gegenseitig vertraut, kann man einander auch eigene Wege gehen lassen", setzte sie nach einer Weile leise hinzu.

Marie starrte wie gebannt auf die Anzeigentafel am Flughafen. Dann endlich: 18.40 Uhr. Landung der Maschine aus Rio de Janeiro. Aber es dauerte schier noch eine Ewigkeit, bis sie sein braun gebranntes Gesicht zwischen denen hunderter anderer Fluggäste entdeckte. Sie drängelte sich durch die Menge, und schon umarmte sie ihn heftig.

„Willkommen daheim, ich habe dich so vermisst."

„Hallo, Marie, schön dass du mich abholst." Er wusste nicht wohin mit dem Strauß roter Rosen, den sie ihm ungestüm in die Hand gedrückt hatte. Die Umhängetasche rutschte immer wieder von der Schulter.

„Kannst du einen Kofferkuli besorgen?", bat er.

„Klar doch, bin gleich wieder da, warte hier." Endlich war das Gepäck im Kofferraum von Maries Golf verstaut. „Komm, Matthias, drück' mich ganz fest, dass ich weiß, dass du wieder da bist." Sie schmiegte sich in seine Arme. „Lass uns erst mal nach Hause fahren", bat er, „ich bin so durchgeschwitzt von dem langen Flug, ich möchte erst einmal duschen."

Während er im Bad verschwand, zündete sie die Kerzen an und begann, das gut vorbereitete Essen zu richten. „Du hast alles so liebevoll vorbereitet", sagte er, als er im Wohnzimmer erschien. „Aber ich kann jetzt nichts essen. Es gab im Flugzeug schon so viel", entschuldigte er sich fast. Marie kamen die Tränen. Da hätte sie ja doch mit Lena in die Disco gehen können. Den ganzen Tag lang hatte sie sich bemüht, alles so schön wie möglich zu machen, und jetzt saß sie da mit ihrem Krabbencocktail und dem Coq au vin. „Iss du doch was", ermunterte er sie. Aber Marie war jetzt auch der Appetit vergangen. Nur den Becher Himbeercreme nahm sie und löffelte ihn langsam leer. „Ist was?", fragte sie.

„Nein, was soll sein, ich bin nur müde, ich möchte erst einmal schlafen – allein", fügte er hinzu, als er die Sektgläser auf den Nachttischen sah. „Versteh doch Liebes, ich war jetzt elf Stunden im Flieger, die Zeitverschiebung, der Klimawechsel, ich bin einfach nur müde. Bis morgen dann, okay?"

Wortlos schnappte sich Marie ihre Tasche und zog die Tür ins Schloss. Sie hatte das Gefühl, innerlich zu erfrieren und zu platzen. „Was, dein Freund fährt allein nach Südamerika? Hat er das denn nötig?" Sie hatte diese und ähnliche Bemerkungen ihrer Kolleginnen gar nicht richtig gehört. Lass die nur reden, die sind doch nur eifersüchtig. Und jetzt?

Aber vielleicht war Matthias wirklich nur müde. Vielleicht fühlte er sich auch nicht wohl, möglicherweise hatte er sich eine Krankheit geholt und wollte sie, Marie, damit nicht beunruhigen. Vielleicht brauchte er einen Arzt.

Ob sie noch einmal bei ihm vorbeifahren sollte? Warum hatte sie gleich so viele misstrauische

Gedanken gehabt. Alles würde sich morgen aufklären. Sie fuhr dann doch nach Hause. Wenigstens ist er wieder da, dachte sie, als sie sich unter ihrer Bettdecke zusammenrollte. Aber an Schlaf war nicht viel zu denken in dieser Nacht.

Immer wieder wachte sie auf, grübelte über Matthias' merkwürdiges Verhalten nach. Warum hatte sie nicht bei ihm übernachten dürfen? Einfach nur beieinander sein?

Sie stand früh auf und nahm erst einmal ein ausgiebiges Bad. Dann begann sie, ihre Wohnung aufzuräumen, eine Beschäftigung, die sie sonst an freundlichen Sonntagmorgen tunlichst vermied. Aber die monotone Arbeit lenkte sie ab.

Gegen elf Uhr hielt sie es nicht mehr aus. Sie setzte sich ins Auto und fuhr los. Matthias kam im Bademantel an die Tür: „Ach, du schon?", fragte er. Schweigend ging Marie in die Küche und kochte Kaffee. Als sie eine halbe Stunde später beim Frühstück saßen, holte sie tief Luft, sah Matthias unvermittelt an und fragte: „Du hast jemanden anderen kennen gelernt, nicht wahr?"

Matthias starrte auf den Boden. „Das verstehst du nicht, Marie. Ich ..."

„Vielleicht sagst du erst einmal, was los ist und überlässt es mir, was ich verstehe oder nicht!" Ihr Hals war trocken, jedes Wort kostete sie Mühe.

„Ich habe auf der Rundreise in der ersten Woche ein paar nette Typen kennen gelernt. Na ja, wir haben abends natürlich einen Zug durch die Kneipen gemacht, haben was getrunken. Es war eine

Superstimmung, sage ich dir!" Marie saß wie versteinert. Sie hatte das Gefühl, ganz weit weg zu sein, Matthias' Worte schienen wie durch einen dichten Nebel aus einer anderen Welt zu kommen. Sie wusste genau, was jetzt kam. Klar, wenn ein paar Männer zusammen was trinken gehen, da kann man den Versuchungen bestimmter Bars und Etablissements natürlich nicht widerstehen.

„Glaub mir, es war nur ein einziges Mal, Marie." Die Worte erreichten direkt ihre Magengegend. Ihr wurde schwindlig. Was hatte sie Lena doch vorgestern vorgeschwärmt, von einer Beziehung, in der man einander seine Freiheit lassen muss und kann, wenn man einander vertraut. Alles drehte sich um sie herum.

„Ich konnte dir das nicht gleich gestern Abend sagen. Aber ich will dich auch nicht belügen. Das hat doch mit uns nichts zu tun."

Blödes Männergequatsche, dachte sie. Das sagen sie alle, wenn sie fremdgegangen sind. Man konnte es in jeder billigen Illustrierten nachlesen. Benommen von diesem elenden Druck in der Magengegend erhob sich Marie langsam.

Wie in Trance nahm sie die Vase mit dem Strauß roter Rosen, den sie ihm gestern zum Flughafen mitgenommen hatte, knallte sie mit aller Wucht auf den Fußboden, so dass das kostbare Kristall in tausend Scherben zerplatzte, und schnappte sich ihre Tasche. Krachend fiel die Tür ins Schloss, noch bevor Matthias begriff, was geschah. Sie sprang die Treppen hinunter, blind vor Tränen jetzt, als er ihr hinterhergestürzt kam: „Marie, warte, Marie!" Aber sie hörte sein Rufen nicht mehr. Wie sie mit ihrem Wagen nach Hause gekommen war, wusste sie später nicht mehr. Zu Hause warf sie sich aufs Bett und ließ ihren Tränen freien Lauf. Aus der Traum von der großen Liebe, der Hochzeit, einer Familie mit Matthias.

Wochen gingen ins Land. Der Beruf, die alltäglichen Pflichten, lenkten wenigstens vorübergehend von ihrem Schmerz ab. Ihren Eltern hatte Marie noch nichts von der geplatzten Hochzeit erzählt. Nur Lena zog sie nach einigen Wochen ins Vertrauen. Lena hörte zu. Den ganzen Abend. Kein höhnisches Grinsen, keine Schadenfreude, kein Spott. Das tat gut. Als sie sich gegen Mitternacht voneinander verabschiedeten, nahm Lena sie in die Arme. Wieder begann Marie zu weinen. An diesem Abend hatte sich etwas gelöst von der Verzweiflung, die sie innerlich zu zerfressen drohte. „Am Samstag gebe ich eine Party, wäre schön, wenn du auch kommst. Das bringt dich mal wieder auf andere Gedanken, Marie."

„Vielleicht, Lena, vielleicht komme ich."

Es wurde ein gelungenes Fest. Lena wunderte sich nur. Marie war wie aufgedreht, tanzte und flirtete wie wild. Irgendwann stellte Lena fest, dass Marie und Michael verschwunden waren. Sie war erstaunt. Das ist eigentlich gar nicht Maries Art. Aber im Grunde genommen war sie froh, dass Marie allem Anschein nach ihre große Liebe verschmerzt hatte.

Was sie nicht wusste war, dass Marie zu Beginn

der Party von einem Bekannten Matthias' gehört hatte, dass Matthias sich auf seinem Südamerikatrip mit dem HIV-Virus infiziert hatte.

Marie hatte Matthias nicht vergessen. Sie hatte manchmal mit dem Gedanken gespielt, wieder zu ihm zurückzugehen. Darf ein einziger Ausrutscher unsere ganze Beziehung zerstören, hatte sie sich immer wieder gefragt. Immerhin war er offen und ehrlich zu ihr gewesen, er hätte ihr diesen Seitensprung ja auch gar nicht zu erzählen brauchen. Die Mitteilung, dass Matthias sich bei diesem einen Abenteuer mit dem tödlichen Virus infiziert hatte, hatte sie wie ein Keulenschlag getroffen. Sie war wie betäubt, trank einige Glas Whisky pur hintereinander und zog dann mit Michael ab.

Der Kater kam am nächsten Morgen. Der vom Alkohol dröhnende Kopf, der fremde Mann neben ihr im Bett, das jähe Entsetzen über Matthias' Krankheit verursachten Herzjagen und Magenkrämpfe. Ihr war schwindlig. Sie ging auf die Toilette und erbrach. Dann weckte sie ihren Bettgefährten ziemlich unsanft und warf ihn mit der Begründung, dass sie krank sei, kurzerhand hinaus.

Sie riss die Fenster auf und machte sich einen starken Kaffee, der aber nicht viel half. Bis mittags versuchte sie, noch einmal zu schlafen, aber vergebens. Am Nachmittag war sie bei ihren Eltern zum Adventskaffee eingeladen. Sie rief an. Es gehe ihr nicht gut, sie könne nicht kommen. Ihre Mutter war am Apparat.

„Du hast dich in den letzten Monaten rar

gemacht, Marie. Ist was mit Matthias?" Ihrer Mutter hatte sie noch nie etwas vormachen können. Marie gab ein klägliches „Ja" von sich und begann, hemmungslos zu weinen.

„Ich komme vorbei, okay?" Marie war froh, dass sie um das familiäre Zusammensein herumkam, denn nach Adventsstimmung war ihr nun gar nicht zumute. Sie war zugleich froh, dass ihre Mutter kam, dann war sie wenigstens nicht allein.

Irgendwann mussten die Eltern ja doch erfahren, was los war. Marie konnte sich nicht erinnern, je ein so gutes Gespräch mit ihrer Mutter gehabt zu haben, wie an diesem Nachmittag. Marie erzählte ihr alles. Schonungslos. Ihre Mutter hörte ihr schweigend zu. Dann und wann eine Zwischenfrage vielleicht. Aber keine besserwisserische Bemerkung, keine moralischen Vorhaltungen, keine Ermahnungen.

„Es ist dein Leben, Marie", sagte die Mutter, „du musst versuchen, deine Entscheidung für die Zukunft möglichst so zu treffen, dass du später einmal, rückblickend, dazu stehen kannst und nicht eines Tages bereuen musst, dass du das, was du eigentlich wirklich wolltest, versäumt hast."

Es war inzwischen dunkel geworden. Marie zündete nun doch eine Kerze an. „Ich denke, ich weiß jetzt, was ich tun werde", sagte sie leise. Zum Abschied umarmte sie ihre Mutter so innig, wie schon seit Jahren nicht mehr.

Ein paar Tage vor Weihnachten klingelte sie bei Matthias. Er war überrascht und verlegen zugleich, sie zu sehen. „Du?", fragte er nur.

Sie zog ungefragt ihren Mantel aus und ging ins Wohnzimmer.

„Ich habe noch einmal über alles nachgedacht", sagte sie. „Ich weiß inzwischen selbst, wie schnell es einmal passieren kann, dass man sich vergisst." Und sie erzählte ihm von Lenas Party und ihrer Affäre mit Michael. Matthias schwieg.

„Du weißt noch nicht alles", brachte er mühsam hervor. „Doch, ich denke schon." Maries Stimme war jetzt doch belegt. „Dass du dich angesteckt hast."

„Wer hat dir das gesagt?"
Matthias war erschrocken, dass sich seine Infektion mit dem HIV-Virus schon zum Partygespräch ent-wickelt hatte.

„Robert hat es mir gesagt." „Und dann wagst du noch hierherzukommen? Oder willst du hier Mutter Theresa spielen, wo gerade Weihnachten ist. Passt gut zusammen, einen christlichen Namen hast du ja schon: Mutter Marie." Matthias wurde zynisch.

„Meine Güte, Matthias, ich stecke mich doch nicht dadurch an, dass ich die gleiche Luft mit dir atme. Und was den Zeitpunkt betrifft: Ich war so verletzt nach deiner Affäre im Sommer, dass ich erst einmal einige Monate Abstand brauchte, um das alles zu verarbeiten und mein Leben wieder in Ordnung zu bringen – da fällt mir ein …" Sie stand auf und holte ihre Tasche aus dem Flur. „Ich habe dir noch etwas mitgebracht."

Wie selbstverständlich stellte sie eine große Kerze auf Matthias' Couchtisch, zündete sie an und legte dann noch ein paar Tannenzweige darum herum, darauf einen kunstvoll selbst gebastelten Strohstern. Schweigend saßen sie beieinander und sahen in die Flamme.

Plötzlich begann Matthias zu weinen. „Ich habe alles kaputtgemacht, Marie, mein Leben und deines mit!"

Marie setzte sich neben ihn auf das Sofa und umarmte ihn. „Ich bleibe bei dir", sagte sie leise aber bestimmt. „Wir heiraten im nächsten Sommer, gerade so, wie wir alles geplant haben. Ich habe mir das alles genau überlegt", setzte sie noch halb entschuldigend hinzu, als sie Matthias' erschrockenes Gesicht sah.

„Du hast nichts begriffen", erwiderte er. „Ich habe mich infiziert und vermutlich nur noch eine begrenzte Lebenserwartung. Du willst Kinder haben, aber ich kann dir keine machen, ohne dich selbst der Gefahr einer Infektion auszusetzen. Also, geh' jetzt lieber. Es tut nur weh zu sehen, was ich alles leichtfertig für eine halbe Stunde Spaß zerstört habe."

„Noch gibt es dich doch", erwiderte Marie. „Es können Jahre vergehen, bis die Krankheit bei dir ausbricht, Matthias. Wie viele glückliche Tage können wir bis dahin gemeinsam erleben und genießen. Jeder Tag, ja, jede Stunde zählt. Wenn ich einen anderen Mann heirate, weiß ich auch nicht, ob der in fünf oder zehn Jahren einen Unfall hat oder sich von mir scheiden lässt. Das Glück, das wir in den gemeinsamen Jahren miteinander erleben, kann uns niemand mehr nehmen."

„Und dein Kinderwunsch?", fragte er.

„Erst einmal bist du wichtig", meinte Marie. „Wir können uns dann immer noch überlegen, ob wir Kinder annehmen wollen."

„Und ich bin dir jeden Tag, den ich noch lebe, zur Dankbarkeit verpflichtet für das große Opfer, das du mir bringst."

„Ich kann ja verstehen, dass du verbittert bist, aber mach jetzt bitte nicht noch einmal alles kaputt. Vielleicht finden die Forscher in den nächsten Jahren ein Heilmittel gegen Aids. Noch gibt es allen Grund zur Hoffnung." Sie drückte ihn liebevoll an sich und gab ihm einen Kuss.

„Ja, vielleicht hast du Recht."
Matthias sprach sehr leise. In seiner Stimme war der zynische und bittere Tonfall verschwunden.

Sie saßen lange beieinander und schauten still in das Kerzenlicht. „Manchmal geschehen Wunder", sagte Marie ganz unvermittelt in die Stille hinein.

„Ja", sagte Matthias", „es ist schon ein Wunder, dass du mich nach allem, was war und bei allem, was ist, noch lieben kannst."

Marie spürte, dass es Matthias ernst war mit diesen Worten und sah ihn erstaunt an. Dann versank sie in seinen Armen und schloss die Augen. Es war fast so wie früher und doch ganz anders.

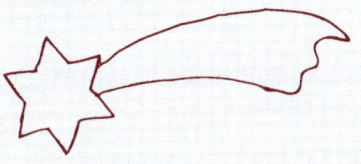

Stern in dunkler Nacht

In einer der dunkelsten Nächte
strahlt am Himmel ein Stern auf,
der neue Wege erahnen lässt.
Menschen, müde geworden und starr
in ihrer alltäglichen Mühsal,
werden bewegt aufzubrechen
und der Hoffnung nachzuspüren,
die in ihrer Mitte geboren wird.
Beschwingt und beflügelt wagen sie,
sich auf Neues einzulassen.
Es ist, als habe ein Engel
sie sanft berührt.

Von Christa Spilling-Nöker ist im Verlag Herder
außerdem erschienen:

Als ein Stern vom Himmel fiel
Und andere Weihnachtssterngeschichten
ISBN 978-3-451-29710-6

Weihnachten liegt in der Luft
Und andere Weihnachtserzählungen
für eine ganz besondere Zeit
ISBN 978-3-451-29908-7